AF214900

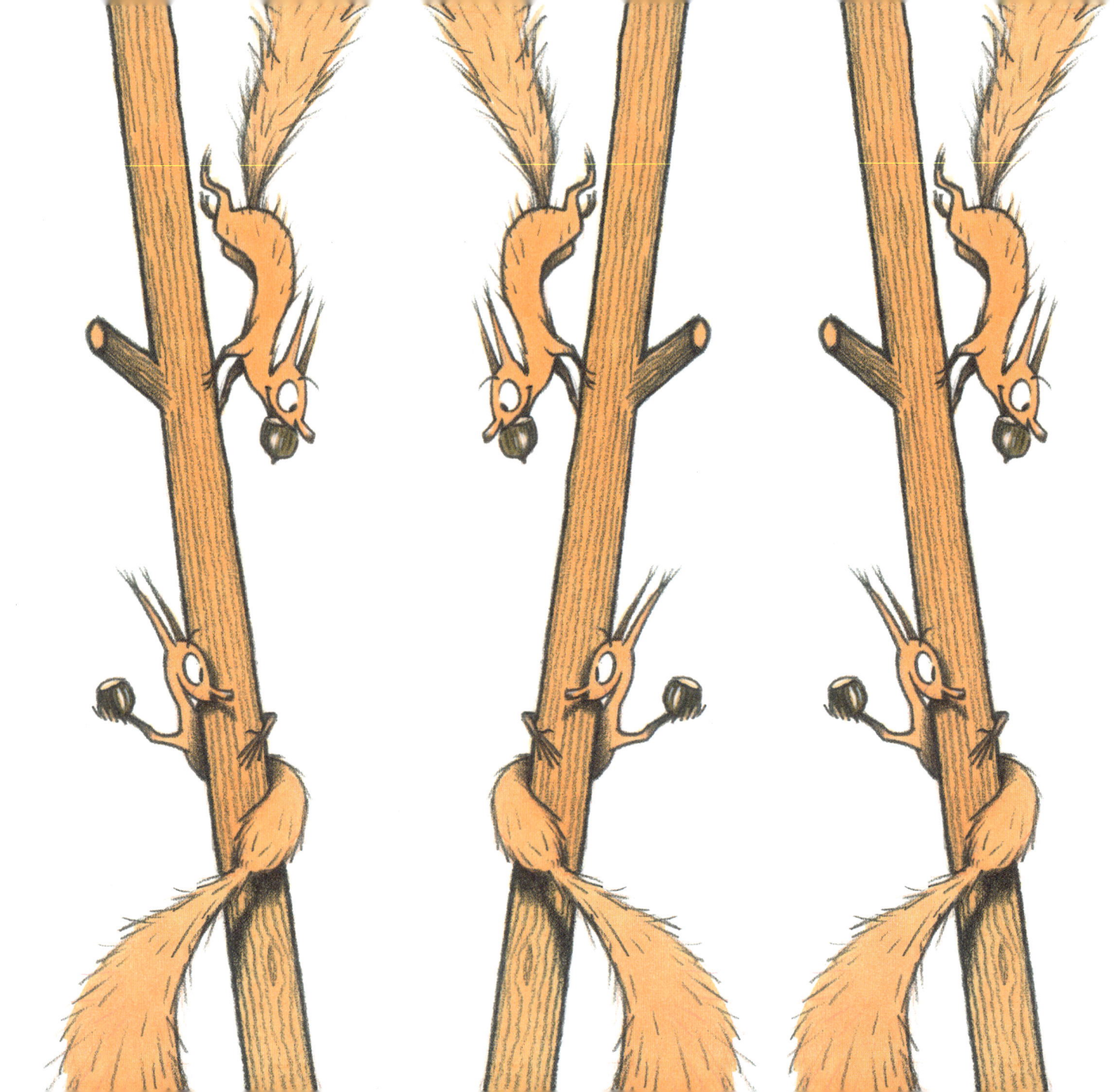

Der singende Gorilla

Reime und Lyrik für Kinder

Duden

Der singende Gorilla

Reime und Lyrik für Kinder

Herausgegeben von Suli Puschban

Illustrationen von Karsten Teich

Dudenverlag
Berlin

FERDINAND UND DIE SCHULE

Ich hatte Glück, ich hatte Ferdinand.

Als ich zwölf Jahre alt war, zogen meine Eltern mit meinem Bruder und mir in den Speckgürtel von Wien in ein kleines Minikaff. Es gab eine Neubausiedlung, eine Greißlerei – das ist der dörfliche Einkaufsladen Österreichs – und einen Tennisplatz. Das wars. In die Schule in der nächstgrößeren Kleinstadt fuhr ich mit dem Fahrrad. Dort lernte ich zwei der wichtigsten Menschen meines Lebens kennen: Tina, die für immer meine beste Freundin wurde, und Ferdinand, meinen Deutschlehrer. Ferdinand war aber nicht nur Lehrer; er war, und ist es immer noch, auch Philosoph und Schauspieler.

Ich bin dein Ferdinand. Mach deinen Mund auf, und ich schiebe auf einem kleinen Silberlöffel angerichtet Häppchen für Häppchen Poesie in dein Goscherl, deine Klappe, deine Fresse, deinen Mund hinein, und entweder du hast jetzt schon Appetit bekommen, oder er kommt eben beim Essen. Das werden wir sehen.

Alles, was du beschreiben kannst, existiert.
Vieles, das du nicht sehen kannst, existiert.
Jedes Ding, das existiert, kannst du beschreiben.
Du kannst beschreiben, was es gar nicht gibt.

Ohne Ferdinand wäre ich niemals eine Dichterin, Kinderliedermacherin, Erfinderin von Wortreihen und plaudernde Poetin geworden. Aber ich bin es. Ferdinand sei Dank.

DER TRAUM

ATZE/Thomas Sutter

Ich hab geträumt von einer Welt,
die voll in Blüte steht.
Von Menschen, die sehr sorgsam sind,
dass sie nicht untergeht.
Ich hab geträumt von dir und mir,
von Sonnenschein und Sturm und Wind
und dass wir nur mit dieser Erde
wirklich glücklich sind.

LICHT

Heinz Janisch

Dieses Gedicht
ist ein kleines Licht.
Es soll brennen zu jeder Zeit.
Und am stärksten in der
Dunkelheit.

EINFACH WEIL ICH KANN

Astrid Hauke und Suli Puschban

Ich zieh dir die Ohren lang, ich kletter auf den Schrank,
ich mach alle Lichter an, einfach weil ich kann.

Ich tanz ein Bild, ich mach den Dackel wild,
ich mal die Wände an, einfach weil ich kann.

Die Schuhcreme im Gesicht, nein, die stört mich nicht,
ich schmier noch Sahne dran, einfach weil ich kann.

Ich sag dir Spruch für Spruch, bis zum Wutausbruch,
gesagt getan, einfach weil ich kann.

Ohne Sinn, ohne Verstand, einfach weil ich kann.
Hab so vieles schon getan, einfach weil ich kann!

Ich hau dir eine rein, ich stell dir ein Bein,
lass dich nicht mein Fahrrad fahrn, einfach weil ich kann.

Ich ess den letzten Bonbon auf, setz mich auf den Fußball drauf,
ich geh im Seemannsgang, einfach weil ich kann.

Ich schneide meine Haare ab, so kurz, dass ich fast Glatze hab,
dann klebe ich mir Zöpfe dran, einfach weil ich kann.

Ich kletter auf den Baum, so hoch, man sieht mich kaum,
dann seh ich mir den Himmel an, einfach weil ich kann.

Ohne Sinn, ohne Verstand, einfach weil ich kann.
Hab so vieles schon getan, einfach weil ich kann!

WIR SIND EINS

Pit Budde (Karibuni)

Der Frieden ist so wie ein Fluss,
der durch meine Träume fließt,
sanft und ruhig durch Wiesen gleitet
und donnernd durch tiefe Schluchten schießt.

Es ist ein Leben, eine Zeit,
eine Liebe, eine Welt.
Wir sind eins.

MEIN SCHÖNSTES GEDICHT

Mascha Kaléko

Mein schönstes Gedicht?
Ich schrieb es nicht.
Aus tiefsten Tiefen stieg es.
Ich schwieg es.

DIE MAUER UND DIE FREIHEIT

Ich lebe in Berlin. Hier wurde am 13. August 1961 eine Mauer gebaut. Rund um Westberlin, um es von der DDR abzutrennen. Menschen, die in der DDR lebten, durften ihr Land nicht verlassen. Willy Brandt, damals der Regierende Bürgermeister von Berlin, sagte: „Die DDR sperrt ihre eigenen Bürger und Bürgerinnen ein!"

Am 28. August 1963 hielt ein Mann namens Martin Luther King in Amerika eine Rede. Mehr als 250 000 Menschen unterschiedlichen Alters, Hautfarbe oder Glaubens waren gekommen, um einzufordern, was eigentlich selbstverständlich sein sollte: gleiche Rechte und Freiheit für alle Menschen. Martin Luther King sagte: „Ich habe einen Traum!"

Ein paar Jahre vorher, am 1. Dezember 1955, war in Montgomery, einer Stadt im Süden der USA, eine Frau festgenommen worden, die in einem Bus gefahren war. Die Frau war Afroamerikanerin. Zu dieser Zeit herrschte in den Vereinigten Staaten strikte Rassentrennung. In den Bussen der Stadt saßen die Weißen vorn und die Schwarzen hinten. Die Frau saß auf einem Sitz für weiße Menschen, obwohl sie schwarz war. Sie wurde aufgefordert aufzustehen. Ihr Name war Rosa Parks. Sie sagte: „Nein!"

Wir können uns mit vielen Mitteln wehren. Sprache ist eines davon.

ROSA PARKS
Matondo

Rosa Parks!
Ich kämpfe um meinen Platz so wie Rosa Parks, eeeyyy,
Rosa Parks, ooohooo, Rosa Parks!
Lass mir nicht meine Rechte nehmen wie Rosa Parks, eeeyyy,
Rosa Parks, oh nooo, no, nooo!
Das, was diese Frau tat, gilt mit als Beginn der afroamerikanischen
Bürgerrechtsbewegung.
Und somit erheben wir uns für eine Frau, die sitzen blieb. Rosa Parks!
Danke schön für deinen Mut. Hoffentlich kannst du mich hörn, Schwester.

KINDER EINER ERDE

Volker Ludwig

Wir sind Kinder einer Erde,
die genug für alle hat
Doch zu viele haben Hunger,
und zu wenige sind satt
Einer prasst, die andern zahlen,
das war bisher immer gleich
Nur weil viele Länder arm sind,
sind die reichen Länder reich

Wir sind Kinder einer Erde,
doch es sind nicht alle frei,
denn in vielen Ländern herrschen
Militär und Polizei
Viele sitzen im Gefängnis,
Angst regiert von spät bis früh
Wir sind Kinder einer Erde,
aber tun wir was für sie?

Viele Kinder fremder Länder
sind in unsrer Stadt zuhaus
Wir sind Kinder einer Erde,
doch was machen wir daraus?
Ihre Welt ist auch die unsre
Sie ist hier und nebenan,
und wir werden sie verändern:
Kommt, wir fangen bei uns an!

DIE FREIHEIT

Georg Danzer

Vor ein paar Tagen ging ich in den Zoo.
Die Sonne schien, mir war ums Herz so froh.
Vor einem Käfig sah ich Leute stehn,
da ging ich hin, um mir das näher anzusehn.

„Nicht füttern!", stand auf einem großen Schild.
„Und bitte auch nicht reizen, da sehr wild!"
Erwachsene und Kinder schauten dumm,
und nur ein Wärter schaute grimmig und sehr stumm.

Ich fragte ihn: „Wie heißt denn dieses Tier?"
„Das ist die Freiheit", sagte er zu mir.
„Die gibt es jetzt so selten auf der Welt,
drum wird sie hier für wenig Geld zur Schau gestellt."

Ich schaute, und ich sagte: „Lieber Herr,
ich sehe nichts, der Käfig ist doch leer!"
„Das ist ja gerade", sagte er, „der Gag:
Man sperrt sie ein und augenblicklich ist sie weg!"

Die Freiheit ist ein wundersames Tier,
und manche Menschen haben Angst vor ihr,
doch hinter Gitterstäben geht sie ein,
denn nur in Freiheit kann die Freiheit Freiheit sein.
Denn nur in Freiheit kann die Freiheit Freiheit sein!

BLÖDSINN AUF DER SCHAUKEL

Kennst du den Witz: „Wie macht der Hase im Cabrio?"
Er flattert mit den Ohren!

„Hä?!", sagst du jetzt vielleicht. „Was hat das mit Dichten zu tun?
Nicht ganz dicht, oder was?"

Was Witze witzig macht, ist ja die Tatsache, dass du auf eine falsche Fährte geführt wirst, dass du etwas anders interpretierst, auslegst, verstehst als jemand anderer. Wenn deine Eltern sagen: „Zimmer aufräumen!", verstehst du darunter: „Nur das Nötigste vom Boden aufheben und in den Schrank pfeffern." Sie aber verstehen darunter: „Alles aufräumen, T-Shirts falten, Schmutzwäsche wegtragen, Mülleimer ausleeren, einmal durchsaugen."

Natürlich verstehen auch nicht alle Menschen Gedichte in gleicher Weise. Und manche Gedichte und Lieder sind wie ein Witz: verrückt, durchgedreht, blödsinnig, lustig und zu nichts anderem gemacht. Kann passieren!

ICH BIN EIN SCHAKAL

Ferri

Ich seh aus wie ein Scheusal, mein Fell ist verzottelt,
meine Mama ist blöde, mein Papa vertrottelt.
Was mir übern Weg läuft, wandert in meinen Schlund –
ich hab gelbe Zähne und stink aus dem Mund.

Uääää, uääää, uääää, uääää!
Ich bin ein Schakal!
Uääää, uääää, uääää, uääää!
Du findest mich eklig?
Das ist mir egal.

Fress Aas gern, Verfaultes und Tierleichenpopel,
Klobrillenhäcksel, die Reifen vom Opel.
Ich wasche mich nur unter Waffengewalt,
sag nie „Guten Tag!" und pups in den Wald.

Mein Fell ist voll Flöhe, meine Ohren verknäult,
die ganze Visage schief und verbeult.
Meine Beine sind krumm, die Augen sind rot
und meine Füße, die stinken wie tot.

Uääää, uääää, uääää, uääää …

Hört mich wer singen, der wünscht sich ins Grab,
und ich kann rülpsen, da schnallst du voll ab!
Und meine Stimme produziert einen Schall
wie ein Stahlbetonmischer voll Altmetall.

Mich kann keiner leiden, kein Mensch und kein Tier,
und niemals sagt jemand was Nettes zu mir.
Ich bin halt ein Scheusal, das ist mein Beruf –
in meinem Inneren kocht es wie tief im Vesuv.

Uääää, uääää, uääää, uääää …

SALZBERGWERKZWERG

Geraldino

Im Salzbergwerk da wohnt der Zwerg.
Der Zwerg wohnt im Salzbergwerk.
Er ist jetzt ein Salzbergwerkzwerg
und wohnt im Zwergsalzbergwerk.

Im Dixiklo, da hüpft der Floh.
Der Floh, der hüpft im Dixiklo.
Der Floh heißt jetzt Dixiklofloh
und hüpft im Flohdixiklo.

Im Joggingschuh, da schläft die Kuh.
Die Kuh, die schläft im Joggingschuh.
Die Kuh heißt jetzt Joggingschuhkuh
und schläft im Kuhjoggingschuh.

Im Rittersaal zittert der Aal.
Der Aal zittert im Rittersaal.
Der Aal heißt jetzt Rittersaalaal
und zittert im Aalrittersaal.

Dies ist ein besonderer Text, er wird durch Vorlesen zum Leben erweckt.
Jeder groß geschriebene Buchstabe wird so gelesen, wie er ausgesprochen wird.
Also C wie Ze oder V wie Fau, manchmal kommt auch eine Zahl vor. Knobel mal!

DER CWT

Beate Lambert

PtR tut der C so W, dSWgN trinkt R CWT.
schnL Gt S ihm bSR, abR PtR ist gRn Vl und lSt S sich gut GN.
S m8 ihm gar nX aus zu schwNzN.

da hört R ein kratzN am fNstR und eine QgL mit einM ZL fliegt ins zimmR,
auf Dm sTt: wir trFN uns am altN Knu.

da ist dR C ganz fX vRgSN und PtR rNt los so schnL S Gt.

die LtRn denkN vRwundRt: so schnL tut der C nicht mR W?
das liegt sichR am CWT.

schwStR La B2fLt das. sie kNt ihrN brudR bSR.

MITTEL GEGEN EINSCH(L)AFSCHWIERIGKEITEN

Andrea Naurath

Jeden Abend 1x laut und langsam vorlesen und Schafe zählen.

Es wird dunkel, es wird Nacht,
jetzt wird ein Auge zugemacht.
Das andre bleibt halt auf,
das nimmt man gern in Kauf.

Nun sei mal lieb und sei mal brav,
und zähl schon mal das erste Schaf!
Das zweite Schaf – sieh an – ist nackt!
Das dritte Schaf hat grad gekackt.

Das vierte blökt, da kommt es schon,
das fünfte und sechste läuft synchron,
das siebente gääääähnt ganz ohne Ton.

Ist es nicht schön, mit all den Schafen?
Hm? … Na? … Ach … schon eingeschlafen.

GEDICHT IN BI-SPRACHE

Suli Puschban

Ibich bibin gabinz abimübisibiert
vobin debin Gebidibichtebin, dibie ibich fabind.

Dibie … Entschuldigung, die Bi-Sprache ist wie eine Geheimsprache.
Bestimmt hast du den Trick gleich gefunden. Man fügt nach jedem Vokal ein Bi ein.
Versuch es doch gleich selbst und flüstere jemandem was ins Ohr!

FAULTIER

Suli Puschban

Ich fang ein neues Leben als Faultier an.
Ich häng immer in den Bäumen rum und lass die Finger krumm.
Ich schau blinzelnd in das Blätterdach
und halt mich nur mühsam bis zum Mittagessen wach.

Ich muss gähnen, uaah, schlaf gleich ein.
Es ist schön, so faul zu sein.

Oh ja, ich brauch einen Polster, bitte!
Und dann schaust du mir zu, wie ich mal gar nix tu.
Bleib ganz ruhig, immer immer mit der Ruh!
Ich leg mich hierher und du legst dich dazu.

Ich muss gähnen, uaah, schlaf gleich ein …

Sich nicht bewegen ist ein echter Segen.
Der ganze Stress ist mir zu blöd, ich schau, wie die Zeit vergeht.
Die Entschleunigung ist nun meine neue Religion.
Ich schleich ganz langsam durch den Tag
und meins ganz ernst, wenn ich sag:

Ich fang ein neues Leben als Faultier an.
Gib die Hände in den Schoß, weil heut ist eh nix los.
Niemals drück ich auf die Hudel-Tube,
ich chille den ganzen Tag, ich pups sogar in Zeitlupe.

Ich muss gähnen, uaah, schlaf gleich ein …

Sprache ist vielfältig und Menschen sprechen mit unterschiedlichen Dialekten.
Ich habe einen österreichischen Vater, deswegen bin ich zweisprachig aufgewachsen.
Ich spreche Wiener Dialekt und Hochdeutsch. Da unterscheiden sich nicht nur die Aussprache,
also der Klang, sondern auch die Wörter selbst, zum Beispiel: der Polster = das Kissen,
hudeln = sich beeilen.

GROß UND KLEIN

Groß und klein, Schere, Stein,
der Storch, der steht auf einem Bein.
Schreibe mir auf Papier,
willst du meine Freundin sein?

Ich wusste als Kind nie, was ich werden wollte. Ich hatte keine Ahnung.
Als ich mir mit 14 Jahren eine Gitarre organisiert hatte und dann irgendwann
Lieder erfand, hätte ich mir nie zugetraut, einmal Musikerin zu werden.
Liedermacherin oder Rockstar. Auf keinen Fall! Ich hatte auch nicht den Mut,
mich an einer Schauspielschule zu bewerben. Ich hätte sicher Talent gehabt.
Stattdessen studierte ich Sozialarbeit. Später zog ich von Wien nach Berlin und
arbeitete an einer Schule. Durch die Zeit, die ich mit Berliner Grundschulkindern
verbrachte, begann ich, über und für sie Lieder zu schreiben. Und peng: Hier
bin ich. Eine Kinderliedermacherin! Manchmal entstehen Träume beim Gehen.

WENN ICH GROß BIN UND DU KLEIN

3Berlin und Volker Ludwig

Wenn ich groß bin und du klein,
mach ich alles ganz allein.
Alles, was ich noch nicht kann,
kann ich dann.

Wenn ich groß bin und du klein,
musst du artig zu mir sein.
Du gehst schlafen ohne Krach
und ich bleib wach.

Dann hast du immer Zeit für mich.
Wann Schluss ist, das bestimme ich.
Zum Essen gibts nur, was ich mag.
Und Eis gibts jeden Tag.

Wir fahren dreimal um die Welt,
denn ich verdien dann ganz viel Geld.
Wir malen alle Wände bunt
und kaufen uns 'n Hund.

Wenn ich groß bin und du klein,
wirst du immer fröhlich sein,
denn ich lass dich nie allein;
wenn ich groß bin und du klein.

MEINE MAMAS

Sukini

Ich hab 'n blaues Fahrrad und 'nen goldenen Hamster,
außerdem hab ich die allertollsten Mamas.
Das ist nicht Standard, bei den meisten anders,
aber ich erzähl euch jetzt von meinen beiden Mamas.

Meine Mamas nenn ich meistens Mami und Mama,
und für alle andern heißen sie Anni und Hanna.
Eine Mama ist Punker, die andere spielt Klavier
in 'nem großen Orchester, abends trinkt sie ein Bier.

Manchmal streiten die Mamas, aber vertragen sich dann
und kichern und knutschen den ganzen Abend lang.
Eine Mama macht die besten Wurstschnitten,
die andere spielt Streiche mit 'm Furzkissen.

Eine Mama raucht, eine Mama nicht.
Die eine sagt zu der andern: „Lass das sein, das ist Gift!"
Meine Mamas haben kürzlich auch geheiratet,
gemeinsam freuen wir uns auf alles Weitere.

Meine Mamas gucken gerne Krimiserien
und fahren mit mir ans Meer in den Ferien.
Die eine ist immer pünktlich, die andere meistens zu spät,
die eine mag heimlich Schlager, auch wenn es keine versteht.

Eine Mama singt schief, die andre findet das niedlich.
Dann wird die eine Mama rot, die andere sagt ihr: „Ich lieb dich!"

Meine Mamas sind cool, meine Mamas sind lieb.
Ich liebe meine Mamas, weils für mich keine besseren gibt.
Eines Tages will ich auch eine Mama sein,
dann sind die Mamas Omas von ihren Enkelein.

Sicher wisst ihr längst, was rappen ist, ihr hört es ja aus allen Ecken. Es gibt auch Lieder für Kinder, die gerappt sind. Eins stelle ich euch hier vor. Ihr könnt ja erst mal versuchen, den Text selbst zu rappen. Wie es die Berliner Rapperin Sukini macht, könnt ihr euch im Internet anhören.

LILIFEE UND EIN VERSTECK

Ich mach jetzt, was ich will!
Lilifee

Ihr werdet es nicht glauben, aber ich habe Lilifee getroffen. Echt!
Ich kam zu meiner Freundin Krista zum Tee, und sie sagte:
„Ah Suli, gut, dass du da bist. Ich habe Besuch, Lilifee ist da."
„Nein", sagte ich. „Das kann nicht sein."
„Doch, doch", sagte Krista, „komm nur rein."
Im Flur beugte sie sich noch mal zu mir und flüsterte mir in eines
meiner abstehenden Ohren: „Aber lass dich nicht von ihrem Äußeren
täuschen, sie trägt ein kleines Geheimnis in ihrem Inneren.
Vielleicht teilt sie es mit dir!"
Meine Ohren wurden rot vor Aufregung.
Aber lest selbst, was dann passierte.

ICH HAB DIE SCHNAUZE VOLL VON ROSA

Suli Puschban

Neulich traf ich Lilifee beim Fünfuhrtee,
ich saß neben ihr auf einem Stuhl
und war wie immer ziemlich cool.
Ich fragte sie, wie es ihr denn so ginge
und was das Feenleben bringe.
Wie ein Sturm, ein Sprung vom Turm,
ei der Daus, aus die Maus,
brach es aus der süßen kleinen Fee heraus.

Ich hab die Schnauze voll von rosa,
von lieb und brav und still.
Ich hab die Schnauze voll von rosa,
ich mach jetzt, was ich will!

Ich glotzte blöd wie eine, die gar nichts
versteht. Sie stampfte auf vor Wut,
ihr Gesicht war rot wie Glut.
Ich fragte sie, was denn nur passiert sei,
ob sie am Zauber nicht mehr interessiert sei.

Sie sah mich an mit dunklem Blick
und sprach: Es führt kein Weg zurück.
Dunkelblau find ich so schick,
ich will mein ganzes Glück!

Ich hab die Schnauze voll von rosa …

Ich sag: Liebe Lillifee,
fang halt irgendwann was andres an, irgendwann.
Und Lilifee spuckt in meinen Tee
und sagt: Nicht irgendwann, es fängt heute an!
Ich studier Physik und Mathe,
so blöd bin ich nämlich nicht!
Und dann baue ich Raketen
für die Reise hinters Licht.

Ich hab die Schnauze voll von rosa …

UND OB!

Karen-Susan Fessel

„Wetten, du traust dich nicht!", ruft Tolgay.

„Und ob!", sagt Mona und guckt an der Kletterpyramide empor. Die ist aus lauter miteinander verbundenen Stricken gemacht und total hoch, und ganz oben, wo die Seile festgezurrt sind, ist so ein kleines Minidach, auf das gerade mal höchstens zwei Füße passen. Und genau da will Mona jetzt rauf.

„Du traust dich nicht, du traust dich nicht!", brüllt Nick und lacht echt hässlich, und da packt Mona mit beiden Händen das erste Querseil und fängt an zu klettern. Tolgay und Nick hören beide auf zu lachen. Mona klettert noch ein Stück höher, und noch ein Stück, und als sie runterguckt, sieht sie, dass alle anderen Kinder zu ihr hochsehen.

„Du traust dich aber nicht bis ganz auf die Spitze!", schreit Tolgay. „Wetten?"

Mona klettert noch höher. Ein paar von den Müttern, die am Rand des Spielplatzes auf einer Bank sitzen, starren jetzt auch zu ihr hoch. Mona kann gar nicht genau erkennen, wie die eigentlich gucken, so weit oben ist sie schon. Sie dreht sich um und blickt hoch. So weit oben war sie noch nie. Von den anderen auch keiner. Aber sie hat neulich einen von den großen Jungen oben auf dem Dach stehen gesehen. Noch ein Stück und noch eins. Dann kann sie mit den Händen das Dach erreichen und zieht sich vorsichtig hinauf, bis sie oben hockt.

„Hallo, junger Mann?", ruft eine Männerstimme. Mona guckt runter. Tolgay und
Nick starren mit offenen Mündern zu ihr hoch. Und neben Nick steht jetzt sein
Vater und winkt ihr zu. „He, Junge, komm mal lieber runter jetzt!"
„Ich bin kein Junge!", ruft Mona laut. Sie holt tief Luft, richtet sich langsam auf
und lässt die Hände los, bis sie ganz gerade steht. „Ich bin ein Mädchen.
Ich bin Mona!"
Ein ganz kleines bisschen wackelt sie, ja, aber nur ein ganz kleines bisschen.
Und dann hört sie ein Pfeifen, und dann noch was. Die klatschen! Und zwar alle,
alle Kinder und alle Mütter und Tolgay und Nick und sein Vater auch.
Mona muss lachen, und dann hockt sie sich schnell wieder hin.
Und ob sie sich getraut hat!

TU, WAS DU LIEBST
Raketen Erna

Brunhilde aus der Nebenklasse hat 'n Bart,
ick find dit steht ihr jut, die anderen findens hart!
Kleen Fritze von nebenan lackiert sich die Nägel.
Die Schnösel von drüben haben Möbel aus Schweden.

Peter fühlt sich falsch verstanden, nennt sich jetzt Jule.
Phillip hat die längsten Haare in der Schule.
Gwendoline isst am liebsten nur Fleisch.
Luis hat fünf Brüder, die sind bestimmt reich.

Malte-Friedrich hat zwei Mütter,
die eine heißt Silvia, die andere heißt Britta.
Die Schwester von Cindy hat 'n Tattoo im Gesicht,
sie hilft den Geflüchteten, die Omis glaubens nicht.

Lucys Vater küsst einen Mann auf den Mund.
Hier isst man Kühe, woanders isst man Hund.
Manche tragen Lederhosen und glauben an Gott.
Manche singen von Matrosen, andere reden Schrott.

Die einen sind anders, die anderen viel mehr.
Die einen wollen hier weg, die anderen hierher.
Du kannst sein, was du willst, wenn du liebst, was du tust!

ICH UND DIE WAND

In Kreuzberg, wo ich lebe, gibt es ein Eckhaus. Der Besitzer oder die Besitzerin kämpft, seit ich dort vorbeigehe, und das sind mehr als zwanzig Jahre, gegen das Besprühen des Hauses. Immer wieder überstreicht jemand die unteren drei Meter. Meistens in einem blassen Rosa. Und es sind ja keine bewegenden Graffitis, die da dran gesprüht werden, sondern nur dämliches Gekritzel. Aber warum? Bedeutet es: „Ich bin hier!", „Ich bin wer!", „Ich hab was zu sagen!"? Street-Art, Straßenkunst, Schmiererei, Graffiti oder Schweinerei?

Du bist berühmt,
wenn jemand deinen Namen
an eine Wand sprüht!

Ruckzuck muckefuck
Zickezacke Hühnerkacke
Dingeling, mach dein Ding!

Heckmeck, ich bin weg!

Wir sind der Tag und die Nacht wie ein Experiment,
das sich immer verändert wie ein Drehmoment.
Wir sind das Parlament im Spiegel der Zeit,
wir sind die Zukunft und bereit.

Wir sind Kinder einer Erde, die genug für alle hat.
Das Salz der Meere und das Herz dieser Stadt.
Wir stehen hier für eine bessere Welt.
Du bist ein Held, wenn du weißt, dass die Liebe zählt.

Wer sich nicht wehrt, lebt verkehrt!
Wer die Wahrheit kennt, hat nicht gepennt.
Wer das Richtige tut, hat richtig Mut!

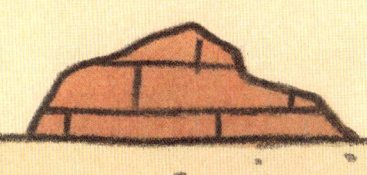

Bin ich der Anfang des Tages,
die Stille der Nacht,
das Singsang im Wagnis,
der Mut im „Gib Acht!"

Was ist stärker, Blume oder Baum?
Was ist zarter, Kissen oder Traum?
Was ist weicher, Wasser oder Stein?
Was ist länger, Nase oder Bein?

So bin ich.
Dem einen gefällt's,
dem anderen nicht.

Und ein großer schwarzer Vogel
fliegt im Rausch an mir vorbei,
sein Geruch streift meine Seele
wie eine kleine Liebelei.

Ich wäre einfach gerne ich,
das ist doch nicht verwunderlich!

DAS UNSICHTBARE UND DER ASPHALT

Schläft ein Lied in allen Dingen, die da träumen fort und fort;
Und die Welt hebt an zu singen, triffst du nur das Zauberwort.
Joseph von Eichendorff

Du kennst doch die große Kreuzung in deiner Stadt, die mit den Ampeln und den vielen Geschäften drum herum, wo manche Menschen schlendern und andere zur Arbeit eilen. Da suchst du dir einen Platz, eine Ecke, eine Stelle, da bleibst du stehen und schaust zu, was die Menschen tun und lassen, was sie denken oder sagen, wie sie jubeln oder klagen, wie sie eilen mit Weile oder verharren und an der Ampel wanken. Vielleicht hast du ein Notizbuch dabei und schreibst oder zeichnest hinein, was du siehst.
Ein alter Mann mit einer ausgebeulten Hose wankt über die Straße, ich mache mir Sorgen, dass er es bei Grün hinüberschafft!

So schaust du hinter die Dinge, denn du hältst deine Zeit an. Alle wuseln und bewegen sich, nur du nicht. Alle machen oder wollen was, nur du nicht. Das ist, wie wenn sich jemand die Zeit nimmt, ein Gedicht zu interpretieren, also zu überlegen, was alles darin steckt, in den Wörtern, zwischen den Zeilen, hinter den Bildern.
Das ist wie der Blick unter das Kleid der Meerhexe, das Kratzen in den Ritzen des Asphalts, wie der Flügelschlag eines Vogels, der von der Fremde erzählt.

Die Welt ist voller Schätze. Komm, wir suchen sie!
In den Bäumen, zwischen Steinen, in der Spree,
unter Büschen auf dem Hof, hinter dem roten Haus,
im geheimnisvollen Garten, unter den Flügeln einer Fee.

HAIKU

Zwischen den Ritzen
sitzen zwei, drei Konfetti
und rufen: Alaaf!

Gedichte können sich in Förmchen quetschen wie der Sand auf dem Spielpatz, der sich in einen Seestern oder einen Fisch verwandelt.

Das Haiku ist eine Gedichtform aus Japan und richtet sich nach der Silbenanzahl. Fünf Silben in der ersten Zeile, sieben Silben in der zweiten Zeile und wieder fünf in der dritten Zeile. Fertig!

ELFCHEN

Wenn
du als
kleiner dicker Käfer
lebst im tiefen Wald:
Glück!

Das Elfchen ist nicht die kleine Schwester einer Elfe, sondern ein kleines Gedicht.
Hier zählst du die Wörter. Erste Zeile: ein Wort; zweite Zeile: zwei Wörter; dritte Zeile: drei Wörter;
vierte Zeile: vier Wörter. Und in der fünften Zeile wieder ein Wort. Meistens ein Ausruf.
So wie „Peng!". Oder „schnell!".

TANZENDE FLAMMEN

Astrid Hauke

Komm, wir zünden Feuer an, nehmen dafür trocken Holz,
damit es besser brennen kann. Meine Flamme tanzt voll Stolz.

Komm, wir sprühen Lichter hier, tanzen tut so gut.
Licht erscheint in dir und mir, Flammen tanzen auf der Glut.

Aus der Glut empor tanzt sie sich hervor.
Tanzende Flammen leuchten in mir.
Tanzende Flammen seh ich in dir.

Knisternde Geräusche, Funken, die sprühn,
tanzende Flammen lassen uns erglühn.

MUSIK

Heinz Janisch

Ein schöner Klang
wirkt tagelang.

OFFLINE

Ich & Herr Meyer

Offline, offline, heute bleib ich offline.
Heut bleibt mein Handy mal den ganzen Tag lang aus.
Und ich lass es sogar den ganzen Tag zu Haus.
Ich surf zwar gern durchs Internet – bin jeden Tag online,
doch heut zieh ich den Stecker raus und leg 'ne Pause ein.

Offline, offline, heute bleib ich offline.
Auch wenn es mir echt gut gefällt
in meiner bunten Online-Welt.
Offline, offline, heute bleib ich offline.
Ich tauch heut nicht ins Netz hinein,
nein, heute bleib ich offline.

Früher gabs kein Internet, kein Laptop, keinen PC,
und für die meisten Leute war das damals auch o. k.
Heut kauft man sich im Internet sogar sein Essen ein,
doch ich geh heute auf den Markt, ja, heute bleib ich offline.

Und dann geht es hinaus, ja, auf große Fahrradtour.
Der Nase nach, egal wohin, einfach raus in die Natur.

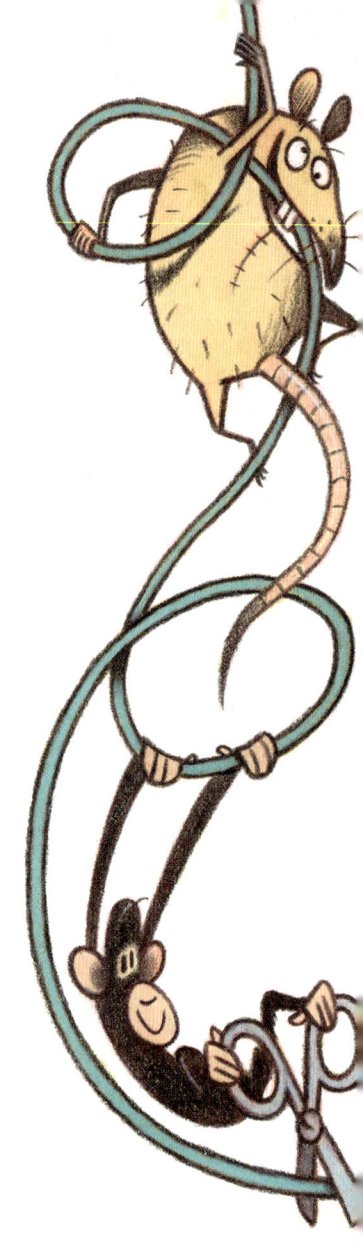

Die Seele leicht, die Beine schwer, so kehr ich glücklich heim.
Ich hab mein Handy nicht vermisst, nein, so schön kann offline sein.

Offline, offline, heute bleib ich offline.
Sogar die Spielkonsole schließ ich heute weg.
Ich guck heut keine Serien, nein, der Laptop ist versteckt.
Meine Lieblingssongs, die hör ich sonst als digitalen Stream,
doch heute hat mir Opa seine Platten ausgeliehn.

Ist der Stecker erst mal raus, beginnt die digitale Kur.
Das Display geht ganz langsam aus. Kein Filter, alles pur.
Ich hab zwar nicht gepostet, wie ich in der Sonne lag –
doch auch ganz ohne WLAN wars ein richtig guter Tag!

LEBENSFREUDE

Kiri Rakete

Erdbeereis im Park, ein Lächeln, das mich stark macht.
Sommerregentag, nackt tanzen, bis die Seele lacht.
Ausschlafen so lange ich will, ein Orchester am Strand.
Bunte Blätter und still dem Herbstwind lauschen – wie die Zeit vergeht.
Und Glückshormone rauschen durch mich durch,
wenn ich am Horizont das Weite seh, nur Berge, Wald, das Meer,
ein Glitzern auf dem Schnee und einfach mal im Handstand stehn.
Mit Ölkreiden maln an der Wand,
Freundschaftsarmbänder schmücken gekonnt meine Hand,
beide Füße im Sand, Kirschen hinter dem Ohr.
Ach, ich glaub, das ist Glück. Ja, so kommts mir halt vor.

Lebensfreude ist unbezahlbar,
Hände hoch und Herzen startklar,
wir sind wirklich gern hier!
und jetzt –
2, 3, 4 UUUUUH!

Pommes im Schwimmbad und Milchschaumwolken am Kaffee.
Mach mal Konfetti in Salat und dazu Ketchup –
dieses Leben ist dein Hauptgewinn!
Gemeinsam durch Gatschpfützen ziehn, das Geräusch dazu –
bunt blühn in mir Fantasien.
Meine Stimme im Chor und ein Fußball im Tor.
Ach, ich glaub, das ist Glück. Ja ich sings dir mal vor:

Lebensfreude ist unbezahlbar …

Zeit mit Menschen, die ich mag und die mich nehmen, wie ich bin.
Ein jeder Tag ein Feiertag voll Farbenklecksen,
wenn sie ab und zu auch dunkel sind.
Spazierngehn mit Katze und Schwein, kein Problem ist zu groß,
denn du bist nicht allein – viele Menschen am Werk – helfen über den Berg,
eine Brücke im Meer, wink ich dich zu mir her …

Ich bin dankbar, dass ich auf dieser Welt bin,
und gerade deshalb tragen wir Verantwortung für sie.
Für die Tiere, Menschen, Meere, Pflanzen.
Lass uns doch gemeinsam tanzen!
Lass uns doch gemeinsam tanzen!
Lass uns doch gemeinsam tanzen!

EIN KOPF VOLLER TRÄUME

Wovon du träumst?
DU kannst es erfinden!
Was du bist?
DU kannst es behaupten!
Was du erreichen willst?
DU kannst es probieren!
Immer und immer wieder.
Du kannst Bücher lesen.
Immer und immer wieder.
Oder selbst welche schreiben.
Ein kleines Büchlein dafür hast du ja schon.
Und du kannst weiter träumen:
In deiner Sandburg einen Drachen leben lassen,
in deinem Bett eine Prinzessin beherbergen,
in den Wolken Figuren sehen.
Es ist alles in deinem Kopf!

ANDERS ALS DU

Robert Metcalf

anders als du bist anders als ich bin anders als du bist anders als er ist anders als sie ist anders als wir, wir, wir sind anders als ihr, ihr, ihr seid anders als er ist anders als du bist anders als ich bin anders als wir, wir, wir sind anders als ihr, ihr, ihr seid anders als wir Leben eben bunt! Na und? Das macht das Leben eben bunt!

EIN KOPF VOLLER TRÄUME

Suli Puschban

Dunkelblaue Wälder, die nach Wahrheit klingen.
Die Konferenz der Tiere, hör nur, wie sie singen.
Ein Tiger weiß zu reden, und er raunt dir zu:
„Denke das Unmögliche, denn nur du bist du!"

Was hat dich hierher gebracht: das Meer der Zeit
durch den Sturm und durch die Nacht.

Oh, ein Kopf voller Träume, ein Kopf voller Träume,
ein Herz voller Mut!

Wasser wird zum Strudel, Wind wird zum Orkan.
Flieg mit deinem Adler durch tausende Gefahren.
Unsinn wird zu Weisheit, Stille wird zu Lärm.
Halt an dieser Stelle, dann kannst du es hören.

Ein Gorilla, der Lieder singt, dein Herz bezwingt
und dich gerührt zum Weinen bringt.

Oh, ein Kopf voller Träume, ein Kopf voller Träume,
ein Herz voller Mut!

WARUM ICH DAS MEER LIEBE

Heinz Janisch

Im Meer ist jeder
leicht wie eine Feder.

NUR EIN BISSCHEN LEBEN?

Unmada Manfred Kindel

Wir wuchern wie die Gräser durch Beton und Pflastersteine …
Nur ein bisschen Leben? Das ist uns zu wenig.

Wir tanzen wild im Kreise, statt nur blindlings zu marschieren …
Nur ein bisschen Leben? Das ist uns zu wenig.

Wir schaffen neuen Lebensraum für Pflanzen und für Tiere …
Nur ein bisschen Leben? Das ist uns zu wenig.

Wir reißen alle Mauern ein und lernen uns neu kennen …
Nur ein bisschen Leben? Das ist uns zu wenig.

Wir werden wach und lernen erst, was es heißt zu leben …
Nur ein bisschen Leben? Das ist uns zu wenig.

Bibliografische Information
der Deutschen Nationalbibliothek

Die Deutsche Nationalbibliothek verzeichnet diese Publikation in der Deutschen Nationalbibliografie; detaillierte bibliografische Daten sind im Internet über http://dnb.dnb.de abrufbar.

Das Wort **Duden** ist für den Verlag Bibliographisches Institut GmbH als Marke geschützt.

© Duden 2021   D C B A

Bibliographisches Institut GmbH,
Mecklenburgische Straße 53, 14197 Berlin

Redaktionelle Leitung Ina Koslowski
Redaktion Steffi Korda
Text Suli Puschban
Illustrationen Karsten Teich

Herstellung Alfred Trinnes
Umschlaggestaltung 2issue, München
Umschlagabbildung Karsten Teich
Satz/Typografie Susanne Nöllgen
Druck und Bindung Dimograf, Bielsko-Biała

Printed in Poland

ISBN 978-3-411-77074-8

www.duden.de

Textnachweise

S. 6: Atze/Thomas Sutter: Der Traum, Drei Raben Verlag, Berlin 1992.
S. 7: Heinz Janisch: Licht, S. 53: Heinz Janisch: Musik, S. 61: Heinz Janisch: Warum ich das Meer liebe, aus: Heinz Janisch / Linda Wolfsgruber: Wo kann ich das Glück suchen © 2015 Verlag Jungbrunnen, Wien.
S. 8/9: Astrid Hauke und Suli Puschban: Einfach weil ich kann.
S. 10: Pit Budde (Text und Musik): Wir sind eins, von der Karibuni-CD „Shalom, Salam – peace4kids", 2005 © Karibuni.
S. 11: Mascha Kaléko: Mein schönstes Gedicht, aus: Mein Lied geht weiter, herausgegeben von Gisela Zoch-Westphal, dtv Literatur, München 2007, mit freundlicher Genehmigung von dtv Verlagsgesellschaft mbH & Co. KG.
S. 14: Matondo Castlo: Rosa Parks (Ausschnitt).
S. 15: Volker Ludwig: Kinder einer Erde, aus: Das GRIPS-Liederbuch, Alexander Verlag, Berlin 1999.
S. 16/17: Georg Danzer (Musik und Text): Die Freiheit, Edition Giraffe, Wien 1979.
S. 20/21: Ferri: Ich bin ein Schakal. Teil der Produktion Ferri: Lieder für Piraten und andere Wasserratten © 2011 JUMBO Neue Medien & Verlag GmbH, Hamburg.
S. 22: Geraldino: Der Salzbergwerkzwerg, Text: Gerd Grashaußer © PSST-Music, Nürnberg.
S. 23: Beate Lambert: Der CWT, Marburg 2020.
S. 24: Andrea Naurath: Mittel gegen Einsch(l)afschwierigkeiten.
S. 26/27: FAULTIER – Text: Suli Puschban © 2015 Edition Punkpanda.
S. 30: 3Berlin und Volker Ludwig: Wenn ich groß bin und du klein. Vom Album „3Berlin und Freunde – Nicht von schlechten Eltern 1", erschienen bei Karussell-Universal Music.
S. 32/33: Sukini/Sookee (Text): Meine Mamas. Aus dem Musikalbum Sukini „Schmetterlingskacke", erschienen bei Universal Music GmbH, 2019.
S. 36/37: ICH HAB DIE SCHNAUZE VOLL VON ROSA – Text: Suli Puschban © 2015 Edition Punkpanda.
S. 38/39: Und ob! © Karen-Susan Fessel.
S. 40: Raketen Erna / Marceese Trabus: Tu, was du liebst.
S. 43 u. 45: UNGLAUBLICH ABER WAHR – Text: Suli Puschban © 2019 Edition Punkpanda.
S. 52: Astrid Hauke: Tanzende Flammen.
S. 54/55: ICH & HERR MEYER: OFFLINE aus dem ALBUM ALLES IST DRIN! Team de la Cream records 2019 www.ichundherrmeyer.de.
S. 56/57: Kiri Rakete (Kerstin Ragette): Auszug aus dem Lied „Lebensfreude", welches 2019 auf dem gleichnamigen Album erschienen ist.
S. 59: Robert Metcalf: Lied ANDERS ALS DU auf der CD „Ich und du – schubidu", bei NewBelRecords erschienen.
S. 60: EIN KOPF VOLLER TRÄUME – Text: Suli Puschban © 2019 Edition Punkpanda.
S. 62: Unmada Manfred Kindel: Nur ein bisschen Leben? Liederheft WIR SIND FREUNDE, Hannover 2010.

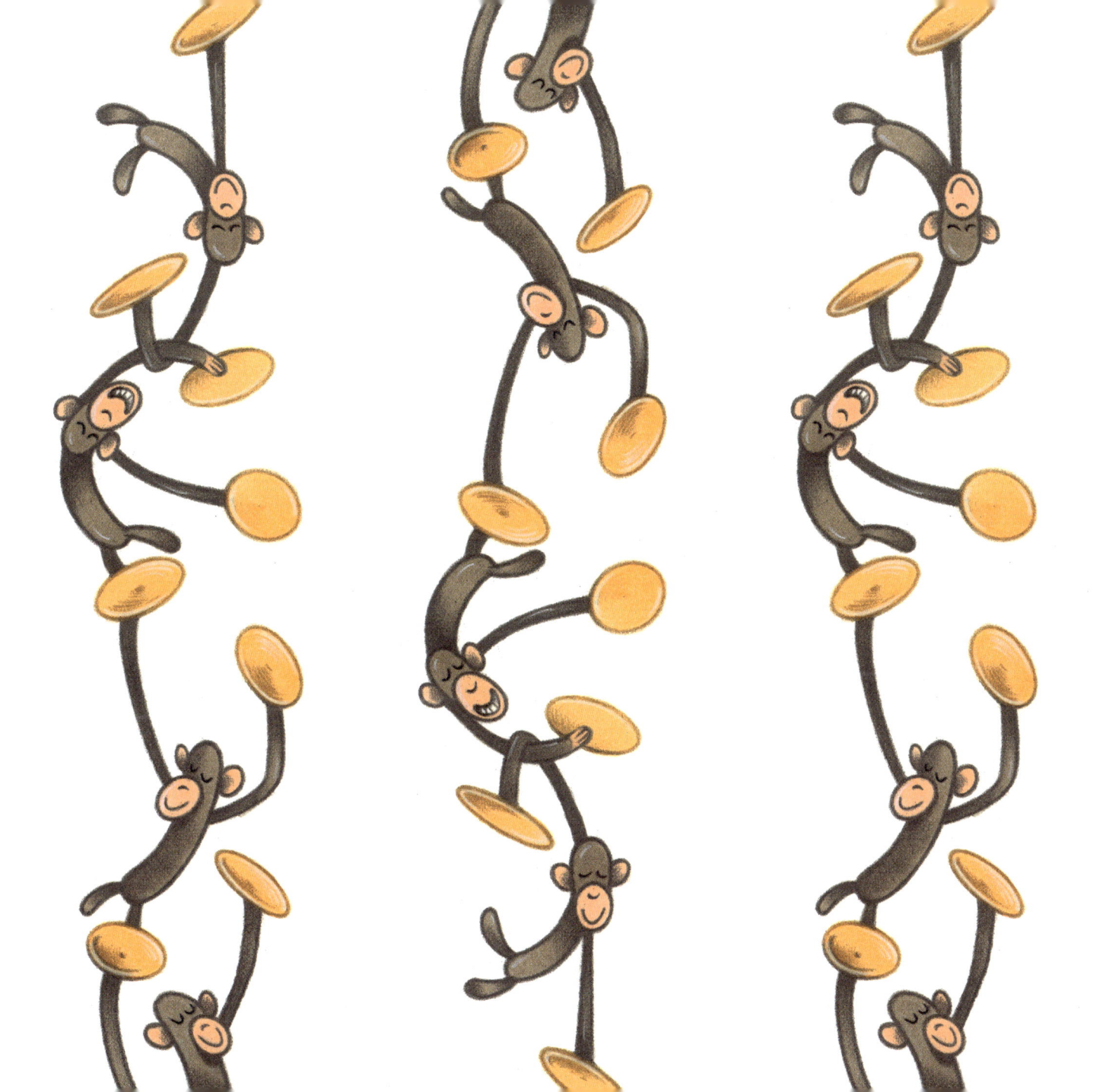

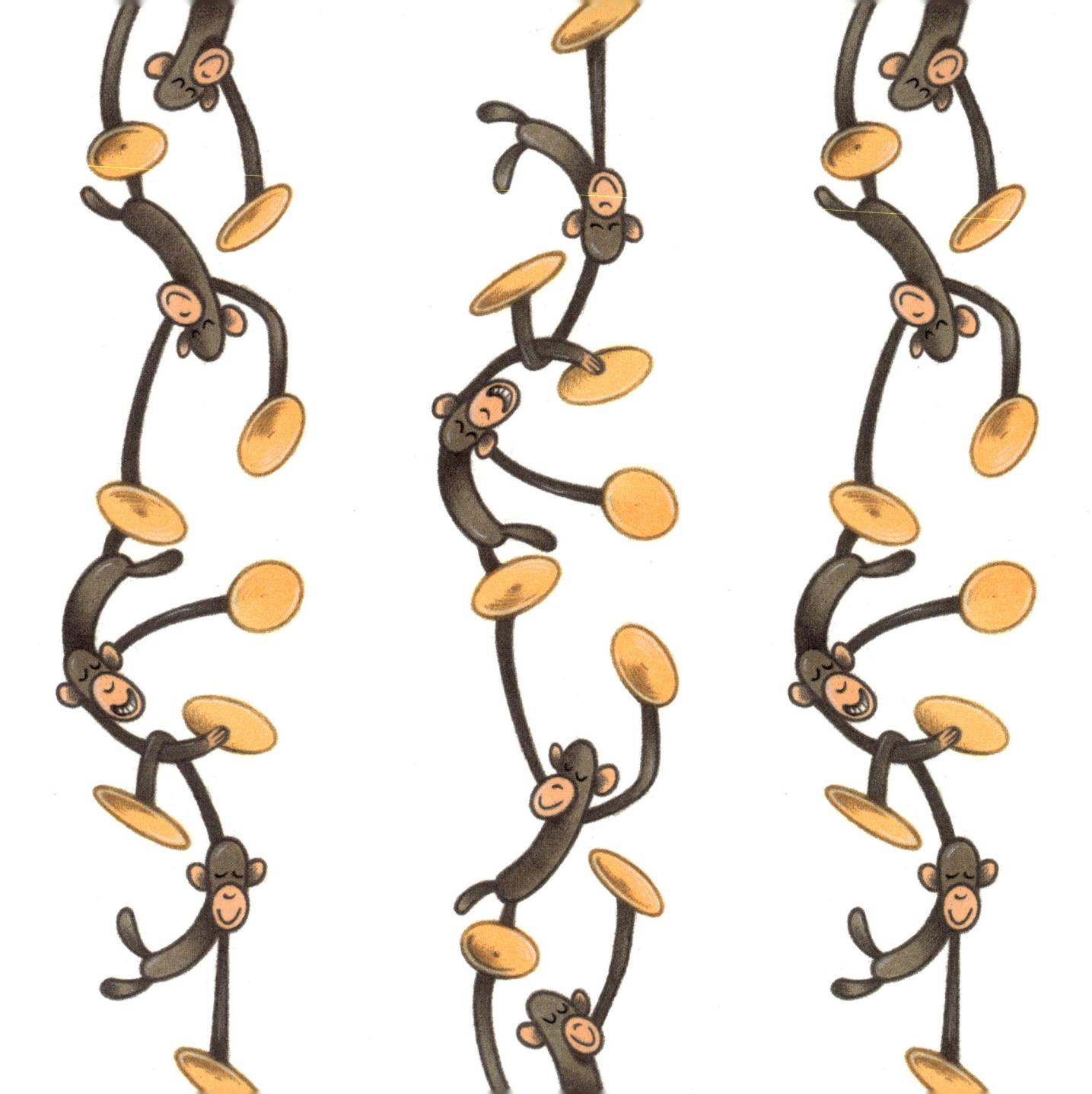